BEI GRIN MACHT SICH IHR WISSEN BEZAHLT

- Wir veröffentlichen Ihre Hausarbeit, Bachelor- und Masterarbeit

- Ihr eigenes eBook und Buch - weltweit in allen wichtigen Shops

- Verdienen Sie an jedem Verkauf

Jetzt bei www.GRIN.com hochladen und kostenlos publizieren

Emotionale Intelligenz, soziale Unterstützung und angstbezogene Störungsbilder

GRIN ☺

Bibliografische Information der Deutschen Nationalbibliothek:

Die Deutsche Nationalbibliothek verzeichnet diese Publikation in der Deutschen Nationalbibliografie; detaillierte bibliografische Daten sind im Internet über http://dnb.d-nb.de abrufbar.

ISBN: 9783346316752
Dieses Buch ist auch als E-Book erhältlich.

© GRIN Publishing GmbH
Nymphenburger Straße 86
80636 München

Druck und Bindung: Books on Demand GmbH, Norderstedt Germany
Gedruckt auf säurefreiem Papier aus verantwortungsvollen Quellen

Das vorliegende Werk wurde sorgfältig erarbeitet. Dennoch übernehmen Autoren und Verlag für die Richtigkeit von Angaben, Hinweisen, Links und Ratschlägen sowie eventuelle Druckfehler keine Haftung.

Das Buch bei GRIN: https://www.grin.com/document/947554

Einsendeaufgabe
Alternative C

Abgegeben am: 11.09.2020

SRH Fernhochschule

Studiengang: B.Sc. Psychologie

Modul: Differentielle- und Persönlichkeitspsychologie (BPERPS)

Inhaltsverzeichnis

Abkürzungsverzeichnis

Abb.	Abbildung
APA	American Psychological Association
ARAS	retikulares Aktivierungssystem
DSM-IV-TR	Diagnostic and Statistical Manual of Mental Disorders, 4. textrevidierte Version
EQ	Emotionaler Quotient
F-Soz-U	Fragebogen zur sozialen Unterstützung
ICD-10	Internationale statistische Klassifikation der Krankheiten und verwandter Gesundheitsprobleme, 10. Version
IQ	Intelligenzquotient
MSCEIT	Mayer, Salovey, Caruso Emotional Intelligence Test
STAI	State-Trait-Anxiety-Inventory
SONET	Interview zum sozialen Netzwerk und zur sozialen Unterstützung
WasU	Wahrgenommene soziale Unterstützung
WHO	World Health Organization (Weltgesundheitsorganisation)

Abbildungsverzeichnis

Tabellenverzeichnis

1. Emotionale Intelligenz

1.1 Was ist Emotionale Intelligenz?

Die emotionale Intelligenz bezeichnet die „Fähigkeit, unsere eigenen Gefühle und die anderer zu erkennen, uns selbst zu motivieren und gut mit unseren Beziehungen umzugehen" (Goleman, 1998, S. 387). Damit ist sie von der kognitiven Leistungsfähigkeit und der Persönlichkeit zu unterscheiden.

Personen, die über ein hohes Maß an emotionaler Intelligenz verfügen, können schneller und stabilere soziale Beziehungen aufbauen und erhalten. Sie haben bessere berufliche Positionen inne und erreichen mehr Erfolg. Grund dafür ist hauptsächlich die Fähigkeit, eigene körperliche Erregungen zutreffend zu deuten und Emotionen besser zu regulieren (Yip et. al., 2020, S.3)

1.2 IQ vs. EQ

Der Begriff der emotionalen Intelligenz wurde bereits im vorherigen Kapitel definiert. Hinsichtlich des Begriffs der Intelligenz gibt es jedoch mehrere Definitionen. Laut Wechsler (1975) bezeichnet Intelligenz „die globale Fähigkeit eines Individuums, zweckvoll zu handeln, vernünftig zu denken und sich erfolgreich mit seiner Umwelt auseinanderzusetzen." Während bei der Intelligenz der Intelligenzquotient (IQ) ermittelt wird, wird bei der emotionalen Intelligenz der emotionale Quotient (EQ) erfasst. Der IQ enthält, je nach Test, Aufgaben, die auf die Erfassung des logischen Denkens, mathematischer Fähigkeiten, der Merkfähigkeit, des sprachlichen Ausdrucksvermögens oder der Denkgeschwindigkeit abzielen. Der EQ hingegen erfasst grundlegende emotionale und soziale Kompetenzen. Der MSCEIT (Mayer, Salovey, Caruso Emotional Intelligence Test) enthält beispielsweise Items, die Selbstwahrnehmung, Selbstregulierung, Motivation, Empathie und soziale Fähigkeiten erfassen (Becker, 2014a; Bosley & Kasten, 2018). Menschen, die einen hohen IQ aufweisen, haben somit Erfolg bei Tätigkeiten, die komplexe geistige Anforderungen beinhalten. Menschen mit einem hohen EQ haben dahingegen Erfolg bei Tätigkeiten, die mit der Interaktion mit anderen Menschen zu tun haben (Bosley & Kasten, 2018). Anzumerken ist, dass ein Mensch sowohl einen hohen IQ als auch gleichzeitig einen hohen EQ aufweisen kann. Inwiefern die beiden Konzepte miteinander korrelieren, bleibt weiter Gegenstand der Forschung.

1.3 Modell der Emotionalen Intelligenz von Goleman

Unter dem Konzept „emotionale Intelligenz" versteht David Goleman „die Fähigkeit, unsere eigenen Gefühle und die anderer zu erkennen, uns selbst zu motivieren und gut mit Emotionen in uns selbst und in unseren Beziehungen umzugehen" (Goleman, 2011 zit. nach Bosley & Kasten, 2018). Dieses Modell von Goleman gehört zu einem der ersten Modelle und ist das bei Weitem populärste. Sein Konzept der emotionalen Intelligenz basiert dabei auf Ideen von Salovey und Mayer aus dem Jahre 1990. Diese stellten die erste ausformulierte Theorie der emotionalen Intelligenz auf und postulierten ein Fähigkeitsmodell, das vier Aspekte in die beiden Bereiche „Erfahrungs- und Erlebensbereich" und „Strategiebereich" unterteilt (Becker, 2014a, S. 113). Goleman knüpft an dieses Konzept an und stellt zudem einen Zusammenhang der emotionalen Intelligenz mit einem zum limbischen System gehörenden Teil des Gehirns im medialen Temporallappen hinzu – der Amygdala (Corpus amygdaloideum). Die Amygdala spielt, zusammen mit dem gesamten limbischen System, durch die Beteiligung ihrer neuronalen Prozesse, eine wichtige Rolle bei der Reaktion auf bedrohliche Reize, auf die Menschen mit Aggression oder Furcht reagieren (Becker, 2014a; Schröger, 2010, S. 89). Goleman gewichtet jedoch die Fight-or-flight Reaktion als einen zentralen Aspekt der emotionalen Intelligenz. Menschen unterscheiden sich in dem Grad, in dem sie in der Lage sind, diese vom limbischen System ausgelösten grundlegenden emotionalen Reaktionen zu entwickeln, zu verwenden und zu kontrollieren (Becker, 2014a, S.113). Übertragen auf den zwischenmenschlichen Umgang bedeutet das, dass die emotionale Intelligenz grundlegend ist für harmonische Beziehungen oder die Sicherheit, angemessene Entscheidungen zu treffen. Aber auch der professionelle Umgang mit Mitarbeitern oder die Nutzung von Eigenschaften wie Teamfähigkeit fallen hierunter.

Laut Goleman (1995) umfasst die emotionale Intelligenz nicht nur Empathie und Einfühlungsvermögen, sondern folgende Faktoren, die eine hierarchischen Reihenfolge implizieren (Becker, 2014a, S: 113; Bosley & Kasten, 2018, S.43):

(1) *Selbstwahrnehmung* (oder Selbstbewusstsein) umfasst Fähigkeit, eigene emotionale Zustände identifizieren und verstehen zu können. Sie bildet die Grundlage der emotionalen Intelligenz.

(2) *Selbstmanagement* umfasst die Fähigkeit, mit den eigenen Emotionen umzugehen, sie kontrollieren und sie konstruktiv beeinflussen und steuern zu können.

(3) *Selbstmotivation* umfasst die Fähigkeit emotionale Zustände zu erleben, die mit Leistung zu tun haben und eine Leistungsfähigkeit aus sich selbst heraus entwickeln zu können.

(4) *Soziales Bewusstsein* umfasst die Fähigkeit die Emotionen anderer wahrnehmen, beurteilen und beeinflussen zu können.

(5) *Beziehungsmanagement* (oder Engagement in Gruppen) umfasst die Fähigkeit gute Kontakte und Beziehungen zu anderen aufbauen und aufrechterhalten zu können.

Anzumerken ist, dass die dargestellten Faktoren keine angeborenen Talente darstellen, sondern erlernte Fähigkeiten sind. Der letzte Faktor, das Beziehungsmanagement, weist Gemeinsamkeiten mit dem Konzept der sozialen Intelligenz, das auf Thorndike und Wechsler zurückgeht, auf, auf das im Rahmen dieser Arbeit nicht weiter eingegangen werden soll (Bosley & Kasten, 2018, S.43).

1.4 Emotionale Intelligenz als gesundheitsförderlicher Faktor

Dass ein Zusammenhang zwischen Gesundheit und Persönlichkeit besteht, ist kaum umstritten. Ein prominentes Beispiel ist das sogenannte Typ-A-Verhalten, das von hohem Arbeitseinsatz, Ehrgeiz und Feindseligkeit geprägt ist und in enger Verbindung mit koronaren Herzerkrankungen steht (Becker, 2014b, S. 40). Laut der World Health Organization [WHO] (1987) wird Gesundheit als „Zustand eines vollkommenen körperlichen, seelischen und sozialen Wohlbefindens" beschreiben. Diese Definition geht über das bloße Fehlen von Krankheit und Gebrechen hinaus und schließt zudem eine soziale Komponente mit ein. Zwischen der Persönlichkeit eines Menschen und seiner Gesundheit können vielfältige Zusammenhänge bestehen. Zur Konzeption dieser Zusammenhänge schlugen Williams (1992) und Suls & Ritterhouse (1995) verschiedene Modelle vor. So kann der Zusammenhang korrelativ, moderierend, kausal oder Folge einer Erkrankung sein (Becker, 2014b, S.25).

Im Folgenden soll anhand beispielhafter Faktoren der Zusammenhang zwischen emotionaler Intelligenz und Gesundheit darstellt werden. Anschließend wird aufgezeigt, inwieweit das Vorhandensein einer hohen emotionalen Intelligenz gesundheitsförderlich sein kann. Ein Aspekt der von Goleman beschriebenen emotionalen Intelligenz umfasst die Selbstwahrnehmung und geht einher mit der Wahrnehmung der eigenen Gefühle, Bedürfnisse, Motive, Ziele und einer realistischen Einschätzung eigenen Stärken und Schwächen (Bosley & Kasten, 2018, S.68). Somit bildet die Selbstwahrnehmung die Basis für Gesundheit. Ohne die Fähigkeit, die eigenen Bedürfnisse zu erkennen, können stressige oder (potenziell) gesundheitsschädliche Situationen nicht als solche erkannt werden.

Der zweite Aspekt, das Selbstmanagement, umfasst die Selbstregulierung – die Fähigkeit die eigenen Gefühle zu steuern und angemessen einzusetzen (Bosley & Kasten, 2018, S. 88). Dies ist eng verknüpft mit der Selbstwirksamkeit, die beschreibt, „gewünschtes Verhalten auch angesichts von Hindernissen und Widerständen ausführen zu können" (Becker, 2014b, S.39). Hindernisse können der Umwelt oder dem eigenen Körper entspringen.

Nehmen wir folgendes Beispiel: Eine Frau will mit dem Rauchen aufhören. Auf einer Feier wird ihr eine Zigarette angeboten, obwohl sie es geschafft hat, seit fünf Tagen nicht mehr zu rauchen. Nimmt sie die Zigarette an oder nicht? Das liegt nun ganz an ihr und ihrer Ausprägung an Selbstwirksamkeit. Besitzt sie eine hohe Selbstwirksamkeit, wird sie die Zigarette ablehnen, da der Gedanke, nicht mehr rauchen zu wollen, stärker ist und sie fest davon überzeugt ist, dass sie es schaffen kann. Sie wird aber auch Signale ihres Körpers wahrnehmen, die sie zu der Zigarette und dem Rauchen drängen. So spürt sie eine deutliche körperliche Erregung wie Herzklopfen und ein Verlangen nach der Zigarette. Es ist ebenfalls gut denkbar, dass sie sich sozialen Widrigkeiten wie Ausgeschlossenheit entgegenstellen muss, wenn sie als einzige in einer Gruppe nicht (mehr) raucht. Die Frau wird jedoch versuchen ihre Gefühle und körperliche Erregungen, die Teil von Emotionen sind, zu verstehen und zu kontrollieren, um der Versuchung zu widerstehen. Diese Fähigkeit wird als Emotionsregulation bezeichnet. Sie wird aber auch ihre Emotionen kontrollieren können und nicht direkt wütend reagieren, wenn ihr eine Zigarette angeboten wird. Der Einfluss von emotionaler Intelligenz auf das Konsumverhalten wurde zudem in einer Studie von Avalosse et. al. (2015) bestätigt. Die Autor*innen zeigten, dass emotionale Intelligenz unser Konsumverhalten bezüglich Alkohol, Marihuana und anderer Drogen beeinflusst. Auch auf Diät- oder Sportgewohnheiten nimmt emotionale Intelligenz Einfluss (Avalosse et al., 2015, S.663).

Der vierte Aspekt beinhaltet Fähigkeit die Emotionen anderer wahrnehmen, beurteilen und beeinflussen zu können und wird von Goleman als „soziales Bewusstsein" bezeichnet (Bosley & Kasten, 2018, S.43). Durch diese Fähigkeit wird es ermöglicht Beziehungen zu anderen Menschen aufzubauen und zu pflegen, aber auch in Konfliktsituationen ist diese Fähigkeit dienlich, um jene möglichst konstruktiv zu lösen. Zwischenmenschliche Konflikte lösen Stress in uns aus. Emotional intelligentere Menschen schütten in Stresssituationen mehr Cortisol aus und neigen dazu, insgesamt niedrigere Entzündungswerte zu haben (Avalosse et al., 2015, S.654). Emotional intelligentere Menschen können somit stressreiche Situationen besser bewältigen als Menschen, die eine niedrige emotionale Intelligenz besitzen.

Zuletzt nennt Goleman das Engagement in Gruppen, dass sich auf die Fähigkeit bezieht, Kontakte zu andere knüpfen und pflegen zu können (Bosley & Kasten, 2018, S. 43). Auswirkungen auf Teamfähigkeit, Kommunikation, Belastbarkeit, Kooperationsbereitschaft und Aufbau sozialer Netzwerke für soziale Unterstützung, auf die im Folgenden weiter eigegangen werden soll.

2. Soziale Unterstützung

2.1 Was ist soziale Unterstützung?

Unter sozialer Unterstützung wird das Ausmaß verstanden, in dem andere Menschen tätig werden und somit helfen, belastende Situationen zu bewältigen. Um soziale Unterstützung weiter zu differenzieren, unterscheidet Krohne (2017) strukturelle und inhaltliche (funktionelle) Aspekte. Auf der inhaltlichen Ebene werden dabei drei Modi unterschieden. Soziale Unterstützung kann demnach emotional, beispielsweise durch Trösten oder instrumentell, durch finanzielle Unterstützung erfolgen. Des Weiteren kann soziale Unterstützung auch informationell (kognitiv) erfolgen, indem Ratschläge gegeben werden (Asendorpf, 2019, S.167; Krohne, 2017, S.116). Auf der Strukturellen Ebene hingegen befinden sich quantitative Parameter einzelner sozialer Beziehungen sowie des soziales Netzwerks, über das eine Person verfügt. Dazu werden die Größe und Dichte des Netzwerks sowie die Kontakthäufigkeit zu anderen Personen gezählt. Der Inhalt und die Qualität der sozialen Beziehungen wird hier jedoch nicht berücksichtig (Krohne, 2017, S.116).

Das Konstrukt soziale Unterstützung kann noch weiter in die wahrgenommene und tatsächlich erhaltene soziale Unterstützung differenziert werden. Die wahrgenommene soziale Unterstützung bezieht sich dabei auf die Erfahrungen einer Person mit sozialer Unterstützung und auf die Erwartungen, die diese Person an andere Personen stellt, Hilfe zu erhalten, wenn sie diese benötigt. Demnach handelt es sich bei der wahrgenommenen Unterstützung um ein subjektives Empfinden, das durch Befragung der Person erhoben wird. Dem gegenüber steht die tatsächlich erhaltene soziale Unterstützung, die die konkreten situationsbezogenen Unterstützungshandlungen bestimmter Personen eines sozialen Netzwerkes erfasst. Hier geht es weniger um die Wahrnehmung von Unterstützung als um die tatsächlichen Hilfsangebote, die eine Person erhält (Becker, 2014b, S.33; Krohne, 2017, S. 116) (s. Abb.1).

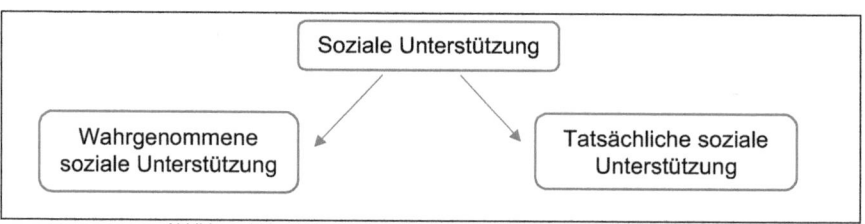

Abbildung 1: Aspekte der sozialen Unterstützung (eigene Darstellung).

Hauptfunktion der wahrgenommenen oder tatsächlich erhaltenen sozialen Unterstützung ist die Förderung der Bewältigung von Stress durch die Abpufferung desselben (Stresspuffer-Hypothese, s. Kapitel 2.2) (Asendorpf, 2019, S.167). Zuletzt lässt sich soziale Unterstützung nach Unterstützungsressourcen (Quellen) unterscheiden. Hierunter fallen alle zur Verfügung stehenden Personen, die auf unterschiedliche inhaltliche Art Unterstützung anbieten können (z.B. Freunde, Familienmitglieder, Ärzte, Lehrer etc.) (Krohne, 2017, S. 116).

Forschungsergebnisse zu Geschlechterunterschieden hinsichtlich sozialer Unterstützungsprozesse fallen eindeutig aus. So mobilisieren und erhalten Frauen häufiger mehr soziale Unterstützung als Männer. Männer gaben außerdem weniger Personen an, an die sich wenden können. Des Weiteren nehmen sie soziale Unterstützung vermehrt wahr und sind zufriedener mit der erhaltenen Unterstützung (Kienle et.al, 2006, S.111).

Zur Messung der sozialen Unterstützung stehen zahlreiche Instrumente zur Verfügung. Diese unterscheiden sich hinsichtlich der Erfassungsmethode, den erfassten Inhalten der sozialen Unterstützung und den ihnen zugrundliegenden Konzepten und Definitionen. Einige Erfassungsmethoden und beispielhafte Verfahren sind:

- Fragebögen: „F-SozU" (Fragebogen zur Sozialen Unterstützung)
- Interviews: „SONET" (Interview zum sozialen Netzwerk und zur sozialen Unterstützung)
- Verhaltensbeobachtungen

Im Folgenden wird auf den mehrdimensionalen Fragegogon „F-SozU - Fragebogen zur Sozialen Unterstützung" von Fydrich, Sommer & Brähler (2007) näher eingegangen. Dieser enthält 54 Items, die von den Probanden auf einer fünfstufigen Skala („trifft nicht zu" bis „trifft genau zu") beantwortet werden. Die Items lassen sich vier Dimensionen zuordnen:

(1) Emotionale Unterstützung: von andern gemocht zu werden oder Anteilnahmeerleben

(2) Praktische Unterstützung: praktische Hilfestellung bei alltäglichen Problemen und Aufgaben

(3) Soziale Integration: Zugehörigkeit zu einem Freundeskreis

(4) Belastung aus dem sozialen Netzwerk

Die wahrgenommene Unterstützung wird nun aus der Addition der Antworten zu den Items der Skalen emotionale (1) und praktische Unterstützung (2) sowie soziale Integration (3) gebildet und lassen sich zu dem Gesamtwert (WasU) zusammenfassen. Die vierte Skala erfasst die soziale Belastung durch das soziale Netzwerk (Krohne, 2017, S,118; Renneberg & Hammelstein, 2006, S.118). Dazu kommen drei Zusatzskalen, die auf das Ausmaß an wahrgenommener Unterstützung abzielen:

(1) Reziprozität: Ausmaß, mit dem Proband um soziale Unterstützung gebeten wird oder diese leistet

(2) Verfügbarkeit einer Vertrauensperson: Einschätzung über die Verfügbarkeit von vertrauten Personen

(3) Zufriedenheit mit sozialer Unterstützung

Zudem können strukturelle Aspekte des sozialen Netzwerkes ergänzend erhoben werden (Krohne, 2017, S.118).

Weiterhin steht zur Debatte, ob soziale Unterstützung als Persönlichkeitsmerkmal anzusehen ist. Asendorpf (2019) fasst unter dem Begriff „Persönlichkeit [...] die nichtpathologische Individualität eines Menschen in körperlicher Erscheinung, Verhalten und Erleben im Vergleich zu einer Referenzpopulation von Menschen gleichen Alters und gleicher Kultur." zusammen (Asendorpf, 2019, S.10). Die Persönlichkeit beinhalte verschiedene Merkmale (oder Dispositionen), die eine zeitliche und transsituative Konsistenz aufweisen. Gerade bei einem interaktiven Prozess wie der sozialen Unterstützung sind diese Merkmale von Dispositionen schwierig zu beobachten. So wirken laut Kienle et. al. (2006) situationale, intrapersonale und interpersonale Faktoren auf den Prozess ein. So kommt es beispielsweise auf die Kontextbedingungen an, die die Beschaffenheit der Situation bestimmen, ob eine Person soziale Unterstützung anbietet oder annimmt. Aber auch interpersonale Faktoren, die sich sowohl auf die Struktur der Beziehungen zwischen Unterstützungsgeber und -empfänger als auch auf die Struktur des gesamten sozialen Netzwerkes beziehen. Durch diese Faktoren wird im Einzelfall entschieden, ob soziale Unterstützung stattfindet (Kienle et al., 2006, S.111). Daher kann von einer strikten zeitlichen und transsituativen Konsistenz abgesehen werden. Des Weitern fällt es schwer, soziale Unterstützung als Persönlichkeitsmerkmal anzusehen und von anderen Dispositionen wie Extravertiertheit abzugrenzen. Die Ausprägung der Extraversion einer Person hängt nicht zwangsweise vom Verhalten Dritter ab, sondern viel mehr von dem Verhalten, das ein Mensch in sozialen Situationen zeigt. Damit ist Extraversion weitestgehend situationsunabhängig.

Stattdessen wird Soziale Unterstützung vielmehr als externale Ressource gesehen, die zusammen mit anderen Ressourcen bei der Begegnung von Umweltanforderungen der Minimierung von Verlusten und der Maximierung von Gewinnen dienen. Das Ziel von sozialen Unterstützungsleistungen ist demnach die Veränderung eines Problemzustandes, die darauf abzielt, das Leid des Betroffenen zu verringern oder das Ertragen des Zustandes zu erleichtern (Kienle et al., 2006). Dieser Ansatz geht auf Hobfolls Theorie der Ressourcenerhaltung zurück. Er führt an, dass viel mehr die Qualität als die Quantität der sozialen und persönlichen Ressourcen von Bedeutung ist (Kienle et al., 2006, S. 108). Bei einem Verlust der Ressource Freundschaft, beispielsweise durch Streit, ist die Ressource „Kenntnisse in wissenschaftlichem Arbeiten" weniger unterstützend als die Bereitstellung der emotionalen Unterstützung durch Trost, Mitleid oder Zuspruch.

2.2 Gesundheitseinfluss von sozialer Unterstützung

In der Literatur werden verschiedene Persönlichkeitsmerkmale beschrieben, die einen Einfluss auf die Gesundheit ausüben können. Dazu gehören soziale Unterstützung,

Kohärenzgefühl, Kontrollüberzeugung, Optimismus, Selbstwirksamkeit, Neurotizismus, Emotionsregulation und Perfektionismus zu diesen gesundheitsförderlichen Persönlichkeitsmerkmalen (Faltermaier, 2017). Die zuvor beschriebenen Eigenschaften werden im Laufe des Lebens entwickelt und können jedoch auch noch im hohen Alter verändert werden. Im Folgenden soll der Einfluss von sozialer Unterstützung auf die Gesundheit näher betrachtet werden.

Laut verschiedenen Untersuchungen haben bestimmte Aspekte der sozialen Unterstützung einen positiven Einfluss auf den Gesundheitsstatus (Krohne, 2017, S. 120). Um die formale Beziehung zwischen Stress und sozialer Unterstützung darzustellen, bieten sich verschiedene Modelle an. Hier soll nur auf das Moderatormodell, das die „Pufferhypothese" darstellt, eingegangen werden. Diese besagt, dass soziale Unterstützung wie ein Puffer zwischen negativen Emotionen und körperlicher Gesundheit wirkt. Damit können bereits aufgetretene Stresszustände abgemildert werden (Kienle et al., 2006, S.115) (s. Abbildung 2).

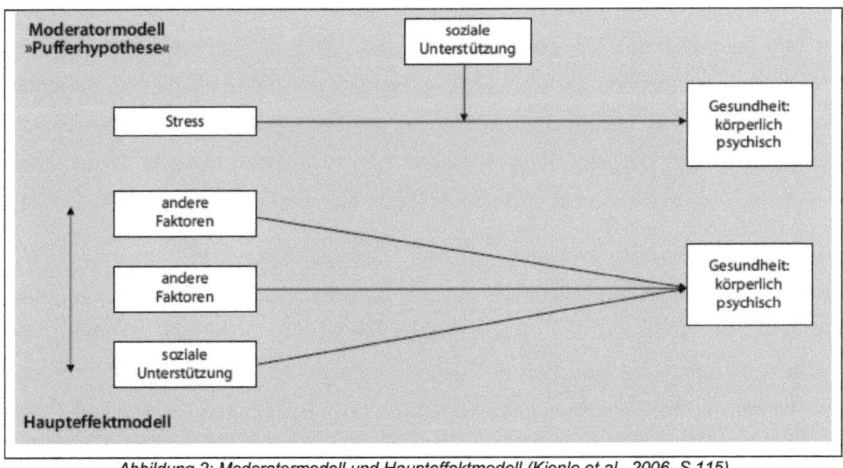

Abbildung 2: Moderatormodell und Haupteffektmodell (Kienle et.al., 2006, S.115)

Eine stabile Partnerschaft kann als Ideal der sozialen Unterstützung angesehen werden. Partner bilden dabei ein System und beeinflussen einander durch Handlungen oder Stimmungslagen. Durch Transmissionseffekte zwischen Partnern kann es zu einer Übertragung von negativen Emotionen kommen. Der Forschungszweig, der aus der sozialen Unterstützung hervorgegangen ist und die Interaktion zwischen Partnern in belastenden Situationen untersucht, wird dyadische Bewältigung genannt (Kienle et al., 2006, S.112). Ein Beispiel dafür ist die Rücksichtnahme, die durch Schaffung emotionaler Freiräume von Prüfungssituationen des Partners, um diesen zu entlasten, erfolgen kann. Eine Theorie zur dyadischen Bewältigung ist das Konzept der beziehungsbezogenen Bewältigung nach Coyne u. Schmidt (Kienle et al., 2006, S. 113). Das Konzept der Autoren ist dabei in das transaktionale Stressmodell nach Lazarus eingebettet und geht von mehreren Bewältigungsfunktionen aus. Die zwei zentralen Formen der beziehungsbezogene Bewältigung bilden die aktive Mitwirkung und die protektive Abfederung. Aktive Mitwirkung bezeichnet eine problembezogene, partnerorientierte Bewältigungsform, bei der zuerst die Gefühle des Partners und das Problem erkundet werden, gefolgt von einer gemeinsamen Erarbeitung von Lösungsvorschlägen. Bei der protektiven Abfederung handelt es sich um den Versuch den gestressten Partner vor negativen Ereignissen abzuschirmen. Hierunter fällt beispielsweise die Konfliktvermeidung durch Nachgeben (Kienle et al., 2006, S. 113).

In zahlreichen Untersuchungen zeigten sich positive Effekte des dyadischen Bewältigung: Männer, die von ihren Partnerinnen unterstützt fühlten, wiesen geringere Cortisolwerte als nicht oder von fremden unterstützten Personen auf. Bei Frauen zeigt sich ein umgekehrtes Reaktionsmuster, d.h. ihre Cortisolwerte stiegen bei Unterstützung an (Krohne, 2017, S.121). Im Bereich der immunologischen Parameter stellen Uchino et al. (1996) fest, dass eine positive Korrelation zwischen sozialer Unterstützung und der Aktivität von Natürlichen Killerzellen besteht. Diese Zellen spielen eine wichtige Rolle bei er Bekämpfung viraler Infekte (Krohne, 2017, S. 121).

Als weitere Vermittler zwischen sozialer Unterstützung und Gesundheit sind gesundheitsrelevante Verhaltensweisen zu nennen. Soziale Unterstützung kann beispielsweise Einfluss auf gesundheitsschädliches Verhalten nehmen, wie beispielsweise mit dem Rauchen aufzuhören, weniger Alkohol zu konsumieren oder sportlich aktiv zu bleiben (Kienle et.al, 2006, S. 116). So konnten Christakis & Fowler (2008) zeigen, dass das Beenden von gesundheitsschädlichem Verhalten innerhalb der sozialen Netzwerkstrukturen verbreitet wird. Bei Ehepartnern sinkt beispielsweise die Wahrscheinlichkeit zu Rauchen um 67 %, wenn einer der beiden Ehepartner mit dem Rauchen aufhört. Die Autoren erklären ihre Ergebnisse damit, dass die Entscheidung mit dem Rauchen aufzuhören, von den Ehepartnern nicht allein getroffen wird. Dies beuge einer sozialen Isolation vor, da sich Netzwerke tendenziell in Raucher- und Nichtrauchernetzwerke unterteilen (Bruns, 2013, S. 93). Weiter zeigte sich in einer Studie der Autoren, dass die Wahrscheinlichkeit an Adipositas zu erkranken um 37 % steigt, wenn einer der beiden Partner stark zunimmt. Hier werden gesundheitsrelevante Verhaltensweisen von den Netzwerkstrukturen weitergetragen, sodass es auch hier zu einer Ausbreitung derselben führt (Bruns, 2013, S. 93). Bei Ehepartners ist dies vor allem durch einen gemeinsamen Lebensstil zu begründen. Auch bei psychischen Erkrankungen wie Schizophrenie erweist sich eine stabile Partnerschaft als Faktor, der mit einer günstigen Langzeitprognose assoziiert wird (Gaebel & Wölwer, 2010).

3. Ängstlichkeit und angstbezogene Störungsbilder

Ängstlichkeit bezeichnet ein Persönlichkeitsmerkmal, das mit der Frequenz und der Intensität des Angsterlebens beim Menschen assoziiert ist. Ängstliche Menschen erleben demnach häufiger und intensiver Angst als Menschen, die eine niedrige Ausprägung dieses Persönlichkeitsmerkmals aufweisen (Krohne et. al., 2005, S.385). Der Zustand der Angst ist definiert durch motorisch-expressives Verhalten, subjektivem Angsterleben, begleitet von einer physiologischen Reaktion wie beispielsweise der Erhöhung der Herzrate, des Blutdrucks oder der Atemfrequenz (Becker, 2014a, S.117).

Für den Psychologen Eysenck hat Ängstlichkeit biologische Ursachen. In seinem biologischen Modell von Persönlichkeit und Aktivierung bringt er die Persönlichkeitseigenschaften Extraversion und Introversion mit dem Erregungsniveau des Gehirns in Verbindung. Zwei neuronale Mechanismen sind demnach verantwortlich für das Erregungsniveau: zum einen sorgt der exzitatorische Mechanismus für Wachsamkeit und physiologische Erregung, zum anderen wirkt der inhibitorische Mechanismus inaktiv und lethargisch. Den Idealzustand bildet ein Gleichgewicht zwischen beiden Mechanismen, für die das im Hirnstamm befindliche retikulare Aktivierungssystem (ARAS) verantwortlich ist. Introvertierte und Extravertierte unterscheiden sich nun hinsichtlich ihres Maßes an Erregung. Das ARAS von Introvertierten generiert ein hohes Maß an Erregung, dass Introvertierte dazu veranlasst, äußerer Stimulation aus dem Weg zu gehen (Becker, 2014a, S. 60). Ängstliche weisen nun eine starke Ausprägung der Eigenschaften von Introvertierten auf, haben demnach ein leicht erregbares ARAS und somit ein leicht erregbares autonomes Nervensystem (Maltby et. al., 2011, S. 366).

3.1 State Trait Modell: Angst vs. Ängstlichkeit

In diesem Zusammenhang stellte Spielberg das Trait-State-Angstmodell auf, das zwischen Angst oder Furcht als Zustand („State") und Ängstlichkeit als Persönlichkeitsmerkmale („Trait") unterscheidet. Angst als Zustand ist demnach durch eine erhöhte Erregung von kurzer Dauer definiert, während Ängstlichkeit als überdauernde Disposition dafür sorgt, vergleichsweise leicht, oft und intensiv Angstzustände zu verspüren (Stemmler et. al., 2011, S. 372). Diese Unterscheidung geht auf die Überlegungen von Cattell zurück, der diese definitorisch-theoretische Unterscheidung erstmal traf und mittels einer Faktorenanalyse empirisch nachwies (Becker, 2014a, S. 42; Stemmler et al., 2011, S.372). Im Anschluss an diese Ergebnisse entwickelte Spielberg das „State-Trait-Anxiety-Inventory" (STAI). Der Fragebogen umfasst zwei Skalen mit insgesamt 20 Items. Die Anxiety-State-Skala (A-Skala) beinhaltet Items, die darauf abzielen, die Intensität der Angst der Probanden im aktuellen Augenblick zu erfragen. Diese Items werden auf einer vierstufigen Antwortskala mit den Intensitätsstufen von „überhaupt nicht" bis „sehr" beantwortet. Ein beispielhaftes Item für die STAI-A-State-Skala ist „Ich fühle mich angespannt...". Bei der zweiten Skala, der Anxiety-Trait-Skala (A-Trait) sollten die Probanden Aussagen bezüglich ihrer Allgemeingültigkeit bewerten. Die hierfür angewandte Häufigkeitsskala enthielt Abstufungen von „fast nie" bis „fast immer". Ein Item der STAI-A-Trait-Skala ist beispielsweise „Enttäuschungen nehme ich so schwer, dass ich sie nicht vergessen kann..." (Stemmler et al., 2011, S. 373).

3.2 Angstbezogene Störungsbilder - Die Zwangsstörung

In der klinischen Psychologie werden viele verschiedene Angststörungen unterschieden. Diese sind, ähnlich wie depressive Störungen, weit verbreitet. Dabei haben alle Angststörungen gemeinsam, dass sie eine unangemessene Angstreaktion beinhalten, die wiederholt auftritt. Diese Angstreaktion ist entkoppelt von realen Gefährdungserlebnissen und wird gefolgt von dysfunktionalen Bewältigungsstrategien. Jedoch unterscheiden sich die verschiedenen Angststörungen hinsichtlich des Inhalts der Frucht und der zeitlichen Dynamik (Petermann, Maercker, Lutz, & Stangier, 2011). So werden im ICD-10 beispielsweise die Panikstörung (mit der ohne Agoraphobie) (F41.0 und F40.01), die generalisierte Angststörung (F41.1), die Zwangsstörung (F42), die Posttraumatische Belastungsstörung (F43.1), die soziale Phobie (F40.1) und spezifische Phobien (F40.2) aufgeführt (Wittchen, 2011, S.1171).

Im Folgenden wird die Zwangsstörung näher betrachtet. Diese ist gekennzeichnet durch wiederkehrende Gedanken, Intentionen oder Handlungen, die nicht auf einer rationalen Beurteilung basieren und häufig vom Betroffenen als sinnlos empfunden werden. Diese Gedanken und Handlungen basieren auf dem Erleben eines inneren Drang sie zu denken oder auszuführen. Das ICD-10 unterscheidet zwanghafte Intentionen /Impulse sowie Gedanken (s. Abbildung 3) (Petermann et al., 2011, S.73).

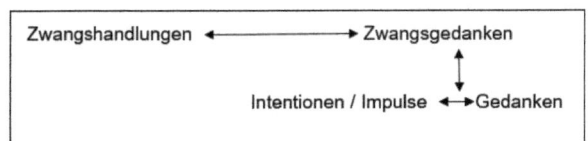

Abbildung 3: Zwangshandlungen und Zwangsgedanken (nach Petermann et al., 2011, S. 73)

Wird den Impulsen nicht nachgegeben, erleben die Betroffenen Unwohlsein und Ängste. Die Impulse manifestieren sich häufig als zeitraubende „Rituale", die im Leben der Betroffenen zu einer massiven Beeinträchtigung führen. Zu den Ritualen gehören beispielsweise das exzessive Händewäschen oder das mehrmalige Kontrollieren an Kochherden (Petermann et al., 2011; Reinecker, 2011, S. 1006). Die Prävalenz einer klinisch relevanten Zwangsstörung liegt bei 1 – 2 % (Reinecker, 2011, S. 1007). Als Ursache für eine zwanghafte Persönlichkeitsstörung werden sowohl biologische, psychische als auch umweltbezogene Faktoren angesehen (Becker, 2014b, S.65).

3.3 Typ-C-Persönlichkeitsstörungen und ihre Behandlungsmöglichkeiten

Persönlichkeitsstörungen umfassen stark ausgeprägte Persönlichkeitszüge, die zu einem abweichenden Muster im Verhalten und Erleben der Betroffenen führen. Dieses abweichende Muster bezieht sich auf die Kognitionen (Gedanken und Wahrnehmung), auf das affektive Verhalten, auf die interpersonelle Funktionalität des Individuums und auf die Impulskontrolle. Zudem ist dieses Muster andauernd unflexibel und transsituativ stabil. Die Betroffenen verspüren häufig einen Leidensdruck, da das Leben in persönlicher, beruflicher oder sozialer Hinsicht beeinflusst wird (Becker, 2014b, S. 50).

Zur Klassifikation von Persönlichkeitsstörungen werden zwei Klassifikationssysteme mit Entscheidungskriterien unterschieden: das ICD, herausgegeben von der WHO derzeit in der 10. Auflage erschienen und das DSM, herausgegeben von der APA derzeit in der 5. Version erscheinen. Das DSM-IV-TR (TR steht für Textrevision) systematisiert Diagnosen anhand einer multiaxialen Aufteilung und unterscheidet folgende Achsen (Petermann et al., 2011, S.22):

- Achse I: Klinische Störungen
- Achse II: Persönlichkeitsstörungen und Entwicklungsverzögerungen
- Achse III: Allgemeine medizinische-körperliche Bedingungen
- Achse IV: Schwere der psychischen Belastungsfaktoren
- Achse V: Höchste Niveau der sozialen Anpassung im letzten Jahr

Persönlichkeitsstörungen lassen sich nun auf Achse II drei Clustern zuordnen: Gruppe A beinhaltet exzentrische und sonderbare Persönlichkeitsstörungen, Gruppe B dramatische, emotionale und launische und Gruppe C ängstliche und furchtsame Persönlichkeitsstörungen. Im Folgenden werden die Persönlichkeitsstörungen des Clusters C betrachtet, zu denen die ängstlich-vermeidende und die zwanghafte Persönlichkeitsstörung gezählt werden (Becker, 2014b, S. 51). Persönlichkeitsstörungen des Clusters C fassen die angstbezogenen Störungsbilder zusammen. Sie sind gekennzeichnet durch soziale Angst und Rückzug. Dies manifestiert sich in extremer Schüchternheit, Gefühlen der eigenen Minderwertigkeit und Überempfindlichkeit gegenüber Ablehnung (Becker, 2014b, S.59).

Das Verhalten von Betroffenen, die unter einer zwanghafte Persönlichkeitsstörung leiden, ist, ähnlich wie bei der Zwangsstörung, geprägt von Zwangshandlungen, wie das häufige Kontrollieren der Herdplatte und Zwangsgedanken, wie beispielsweise Grübeln. Auch Verhaltensrituale, wie ein Ordnungs- oder Kontrollzwang, gehören zum Verhaltensrepertoire. Folgen die Betroffenen ihren Zwangshandlungen oder -gedanken nicht, verspüren sie eine tiefe Unruhe und Angst (Becker, 2014b, S. 60). Übergreifende Kennzeichen dieser Persönlichkeitsstörung sind der Mangel an Spontanität oder Emotionalität. Daher wirken die Betroffenen kühl, distanziert, sind wenig begeisterungsfähig und eher gehemmt. Ihr Leben wird von einem Ich-muss und Ich-darf-nicht Prinzip bestimmt, das sich häufig in Perfektionismus oder akribischer Gründlichkeit manifestiert (Sachse & Kiszkenow-Bäker, 2016, S.124). Die Struktur der zwanghaften Persönlichkeitsstörung lässt sich zusammenfassend mittels vier Aspekten beschreiben. Sie ist geprägt von Pessimismus, Hypermoralität und Anstrengung, Kontrolle und Sorge (Hoffmann & Hofmann, 2010, S. 5) Die Prävalenz einer zwanghaften Persönlichkeitsstörung wird auf 7,8 % geschätzt, gleichverteilt auf Männer und Frauen.

Das Verhaltensrepertoire von Betroffenen, die unter einer Zwangsstörung leiden, ist ähnlich zu dem der Betroffenen, die eine zwanghaften Persönlichkeitsstörung haben. Im Gegensatz zur Zwangsstörung handelt es sich aber bei der zwanghaften Persönlichkeitsstörung um ein Art Lebensphilosophie, die sich in durch persönlichkeitsmerkmalübergreifenden Kennzeichnen manifestiert. Zudem werden die Verhaltensweisen und Gedanken als ich-synton und weniger als zwanghaft erlebt. Daher verspüren die Betroffenen bei einer zwanghaften Persönlichkeit deutlich weniger Leidensdruck als die Betroffenen einer Zwangsstörung. Daher wird die Zwangsstörung als psychische Störung definiert und nicht als extreme Ausprägung von Persönlichkeitsmerkmalen.

Bei Zwangs- als auch bei der Zwanghaften Persönlichkeitsstörung bietet die kognitive Verhaltenstherapie einen wirksamen Therapieansatz. Die Therapieform basiert auf der Erkennung und Modifikation eigener, häufig dysfunktionaler, Denkschemata. Zur Behandlung einer zwanghaften Persönlichkeitsstörung können vielfältige konkrete Interventionsmöglichkeiten bei Zwangshandlungen und -gedanken festgehalten werden. Ein Überblick über ausgewählte Ziele und Interventionen ist in Tabelle 1 dargestellt.

Tabelle 1: Überblick über Ziele und Interventionen (Hoffmann & Hofmann, 2010, S. 26)

Ziele	Interventionen
Wertedifferenzierung	„Werteaufweichung" und ihre Handlungsimplikationen
Erhöhte Risikobereitschaft	Abbau exzessiver zwanghafter Kontrollen
Mut zur Lücke	Reduktion von Detailfixiertheit
Emotionale Belebung	Sensibilisierung für eigene und fremde emotionale Reaktionen
Verringerung von Hyper-moralität	Absichtliches Brechen eigener Regeln und Gewohnheiten

Im Folgenden soll beispielhaft auf Interventionsmöglichkeiten von Zwangshandlungen eingegangen werden. Eine Interventionsmöglichkeit stellt der *Abbau exzessiver zwanghafter Kontrollen* dar und zielt auf die Erhöhung der Risikobereitschaft ab. Wie bereits zuvor beschrieben erleben die Betroffenen ihre Persönlichkeitsstrukturen als ich-synton und daher weniger als zwanghaft. Sie beschweren sich vielmehr über

Mitmenschen, die kein oder wenig Verständnis für ihre Auffassung von Genauigkeit aufbringen. Bei der Intervention geht es nicht darum, dem Betroffenen seine Genauigkeit abzutrainieren, sondern vielmehr darum auf die Kontrolle, die er selbst als zeitraubend oder die er als exzessiv wahrnimmt, zu verzichten. Kontrolliert ein Betroffener beispielsweise mehrfach die Post, bevor er sie abwirft, soll er lernen, die Post einmal bewusst durchzusehen und anschließend freizugeben. Im besten Fall wirft er sie direkt nach der Therapiesitzung ab. Anschließende Grübeleien seitens des Betroffenen, werden zusammen mit dem Therapeuten dialogisch bewältigt. (Hoffmann & Hofmann, 2010, S.30). Diese und weitere Übungen werden sukzessiv durchgeführt, bis das Kontrollverhalten abgebaut ist. So wird sichergestellt, dass wichtige Aktivitäten Schritt für Schritt von zwanghaften Kontrollen befreit werden, ohne dabei Eigenschaften wie Gründlichkeit anzugreifen und in Frage zu stellen (Hoffmann & Hofmann, 2010, S. 31).

Eine zweite Interventionsmöglichkeit ist die *Sensibilisierung für eigene und fremde emotionale Reaktionen*, die auf die emotionale Belebung der Betroffenen abzielt. Die Förderung der Emotionen bei Menschen mit zwanghafter Persönlichkeitsstörung verfolgt zwei allgemeine Ziele. Zum einen wird eine größere Durchlässigkeit für Signale der eigenen und von anderen Personen angestrebt, zum anderen soll die Informationsgewinnung und -verarbeitung weniger einseitig ablaufen (Hoffmann & Hofmann, 2010, S.39). Die Sensibilisierung für eigene und fremde emotionale Reaktionen verfolgt diese beiden Ziele und kann auf verschiedene Arten erfolgen. So kann beispielsweise die Wichtigkeit der Rolle von Emotionen erläutert werden, gefolgt von einer Anleitung zum Entdecken von eigenen Gefühlen im Alltag. Hier wird der Betroffene gezielt dazu aufgefordert ein bestimmtes Gefühl in seinem Alltag zu suchen. Dies ist kombinierbar mit der Übung die eigenen Gefühle in Alltagssituationen wahrzunehmen (Hoffmann & Hofmann, 2010, S.41).

4. Literaturverzeichnis

Asendorpf, J. B. (2019). *Persönlichkeitspsychologie für Bachelor* (4. vollständig überarbeitete Auflage). *Springer-Lehrbuch.* Berlin, Heidelberg: Springer Berlin Heidelberg. Retrieved from https://doi.org/10.1007/978-3-662-57613-7

Avalosse, H., Callens, M., Fantini-Hauwel, C., Broeck, N., M., Vancorenland, S., & Verniest, R. (2015). Emotion. In P. Pietromonaco (Ed.), *A Nationally Representative Study of Emotional Competence and Health* (pp. 653–667). Washington: American Psychological Association.

Becker, B. (2014a). *Grundlagen der differentiellen und Persönlichkeitspsychologie: Titel Nr. 1105-01* (Studienbrief). SRH Fernhochschule, Riedlingen.

Becker, B. (2014b). *Praxisfelder der Differentiellen und Persönlichkeitspsychologie: Titel Nr. 1106-01* (Studienbrief). SRH Fernhochschule, Riedlingen.

Bosley, I., & Kasten, E. (2018). *Emotionale Intelligenz: Ein Ratgeber mit Übungsaufgaben für Kinder, Jugendliche und Erwachsene.* Berlin, Germany: Springer.

Bruns, W. (2013). Soziale Netzwerke, soziale Unterstützung und Gesundheit. In W. Bruns (Ed.), *Gesundheitsförderung durch soziale Netzwerke* (pp. 89–124). Wiesbaden: Springer Fachmedien Wiesbaden. https://doi.org/10.1007/978-3-658-00674-7_4

Faltermaier, T. (2017). *Gesundheitspsychologie* (2., überarbeitete und erweiterte Auflage). *Kohlhammer Kenntnis und Können: / herausgegeben von Bernd Leplow und Maria von Salisch ; Band 21.* Stuttgart: Verlag W. Kohlhammer.

Gaebel, W., & Wölwer, W. (2010). Schizophrenie: Heft 50. Retrieved from https://www.rki.de/DE/Content/Gesundheitsmonitoring/Gesundheitsberichterstattu ng/GBEDownloadsT/Schizophrenie.pdf?__blob=publicationFile

Goleman, D. (1998). *Working with emotional intelligence.* New York: Bantam Books.

Hoffmann, N., & Hofmann, B. (2010). *Zwanghafte Persönlichkeitsstörung und Zwangserkrankungen: Therapie und Selbsthilfe.* Berlin, Heidelberg: Springer-Verlag Berlin Heidelberg. Retrieved from http://dx.doi.org/10.1007/978-3-642-02514-3

Kienle, R., Knoll, N., & Renneberg, B. (2006). Soziale Ressourcen und Gesundheit: soziale Unterstützung und dyadisches Bewältigen. In B. Renneberg & P. Hammelstein (Eds.), *Springer-Lehrbuch. Gesundheitspsychologie* (pp. 107–117). Berlin, Heidelberg: Springer Medizin Verlag Heidelberg.

Krohne, H. W. (2017). *Stress und Stressbewältigung bei Operationen.* Berlin Heidelberg: Springer-Verlag.

Krohne, H. W., Egloff, B., & Schmukle, S. (2005). Ängstlichkeit. In H. Weber & T. Rammsayer (Eds.), *Handbuch der Psychologie: Bd. 2. Handbuch der Persönlichkeitspsychologie und differentiellen Psychologie* (pp. 385–393). Göttingen: Hogrefe.

Maltby, J., Day, L., & Macaskill, A. (2011). *Differentielle Psychologie, Persönlichkeit und Intelligenz* (2., aktualisierte Auflage [der englischen Ausgabe]). *Always learning.* München: Pearson Studium.

Petermann, F., Maercker, A., Lutz, W., & Stangier, U. (2011). *Klinische Psychologie - Grundlagen* (1. Auflage). *Bachelorstudium Psychologie.* Göttingen: Hogrefe Verlag. Retrieved from http://elibrary.hogrefe.de/9783840921605

Reinecker, H. S. (2011). Zwangsstörungen. In H. U. Wittchen (Ed.), *Springer-Lehrbuch. Klinische Psychologie & Psychotherapie* (2nd ed., pp. 1006–1018). Heidelberg: Springer-Medizin.

Renneberg, B., & Hammelstein, P. (Eds.) (2006). *Gesundheitspsychologie. Springer-Lehrbuch.* Berlin, Heidelberg: Springer Medizin Verlag Heidelberg. Retrieved from http://dx.doi.org/10.1007/978-3-540-47632-0

Sachse, R., & Kiszkenow-Bäker, S. (2016). Zwanghafte Persönlichkeitsstörung. In T. Schnell (Ed.), *Praxisbuch: Moderne Psychotherapie: Der Guide bei komplexen Störungsbildern* (pp. 123–136). Berlin, Heidelberg: Springer.

Schröger, E. (2010). *Biologische Psychologie.* Wiesbaden: VS Verlag für Sozialwissenschaften / Springer Fachmedien Wiesbaden GmbH Wiesbaden. Retrieved from http://dx.doi.org/10.1007/978-3-531-92581-3

Stemmler, G., Hagemann, D., & Amelang, M. (2011). *Differentielle Psychologie und Persönlichkeitsforschung* (7., vollst. überarb. Aufl.). *Content Plus.* Stuttgart: Kohlhammer.

Wechsler, D. (1975). Intelligence defined and undefined: A relativistic appraisal. *American Psychologist, 30,* 135–139.

Wittchen, H. U. (Ed.) (2011). *Klinische Psychologie & Psychotherapie* (2., überarb. und erw. Aufl.). *Springer-Lehrbuch.* Heidelberg: Springer-Medizin.

World Health Organization (WHO) (1987). *Ottawa charter for health promotion.: An international conference on health promotion.* Copenhagen: WHO Office for Europe.

Yip, J. A., Stein, D. H., Côté, S., & Carney, D. R. (2020). Follow your gut? Emotional intelligence moderates the association between physiologically measured somatic markers and risk-taking. *Emotion (Washington, D.C.), 20*(3), 462–472. https://doi.org/10.1037/emo0000561